ABRH-BA
SISTEMA NACIONAL ABRH
Associação Brasileira de Recursos Humanos

3º Setor
Os Recursos da Solidariedade

ABRH-BA
SISTEMA NACIONAL ABRH
Associação Brasileira de Recursos Humanos

SUZANA LANIADO C. NOBRE

3º Setor
Os Recursos da Solidariedade

QUALITYMARK

Copyright© 2004 by Suzana Laniado Nobre – ABRH-BA

Todos os direitos desta edição reservados à Qualitymark Editora Ltda.
É proibida a duplicação ou reprodução deste volume, ou parte do mesmo,
sob qualquer meio, sem autorização expressa da Editora.

Direção Editorial
SAIDUL RAHMAN MAHOMED
editor@qualitymark.com.br

Produção Editorial
EQUIPE QUALITYMARK

Capa
WILSON COTRIM

Editoração Eletrônica
EDIARTE

CIP-Brasil. Catalogação-na-fonte
Sindicato Nacional dos Editores de Livros, RJ

N673t

Nobre, Suzana Laniado C.

Terceiro setor : os recursos da solidariedade / Suzana Laniado C. Nobre. —
Rio de Janeiro : Qualitymark, 2004

Inclui bibliografia
ISBN 85-7303-486-6

1. Associações sem fins lucrativos. 2. Desenvolvimento social. 3. Responsabilidade social. 4. Cidadania. I. Título.

04-0579

CDD 658.114.8
CDU 658.114.8

2004
IMPRESSO NO BRASIL

Qualitymark Editora Ltda.
Rua Teixeira Júnior, 441
São Cristóvão
20921-400 – Rio de Janeiro – RJ
Tel.: (0XX21) 3860-8422

Fax: (0XX21) 3860-8424
www.qualitymark.com.br
E-Mail: quality@qualitymark.com.br
QualityPhone: 0800-263311

Prefácio

Este livro tem a nobreza do nome da autora. Suzana Laniado C. Nobre empresta seu sobrenome à sua obra e escreve, de maneira gostosa e simples, sobre um assunto tão atual.

Falar do Terceiro Setor – Os Recursos da Solidariedade, neste momento em que o Brasil vem passando por profundas mudanças sociais, é mais do que acertar no tema. É conferir régua e compasso aos leitores que pretendam, de alguma forma, ajudar a minorar as desigualdades sociais tão presentes e tão evidentes em nosso país.

A perversa distribuição de renda do Brasil, o elevado índice de desemprego, as precárias condições de saúde e o baixo nível de educação do nosso povo fazem com que as dificuldades se multipliquem e os problemas sociais se agravem. O desafio brasileiro da atualidade é diminuir as desigualdades sociais, que colocam um país que ocupa o 12º lugar na posição econômica mundial em 65º lugar no ranking de desenvolvimento humano.

A abertura econômica, ao invés de auxiliar na solução, agravava os problemas sociais do Brasil.

O objetivo da mundialização da economia sempre foi a riqueza dos países. Assim, a riqueza é dividida e a pobreza é concentrada; fica em cada país e se agrava a cada ano.

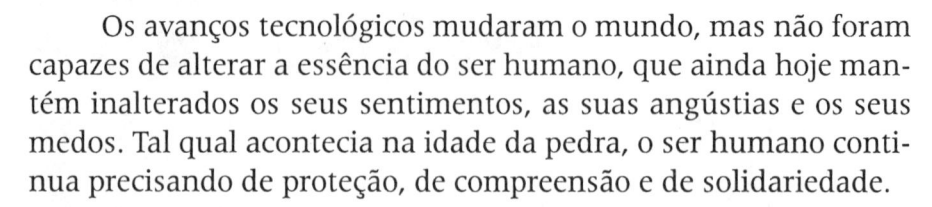

Os avanços tecnológicos mudaram o mundo, mas não foram capazes de alterar a essência do ser humano, que ainda hoje mantém inalterados os seus sentimentos, as suas angústias e os seus medos. Tal qual acontecia na idade da pedra, o ser humano continua precisando de proteção, de compreensão e de solidariedade.

O trabalho desenvolvido na **Organização Auxílio Fraterno (OAF)** conferiu à autora o Prêmio Oswaldo Checcia, o maior prêmio concedido pela Associação Brasileira de Recursos Humanos.

Através de experiências vividas na área de recursos humanos, Suzana dá mostras de quão importante pode ser a atividade de RH. Depende mais do profissional do que da organização. Isto pode ser melhor entendido quando se lê como é o funcionamento do CAL – Centro de Atividades Lúdicas, criado e abrigado na área de RH da Organização Auxílio Fraterno.

Neste livro, o leitor vai encontrar um significado muito maior do que a simples relação entre as palavras Solidariedade, Terceiro Setor, Qualidade de Vida, Bem-Estar do Ser Humano e Espírito Cristão. Vai entender que podem ter o mesmo significado: Cidadania, em sua dimensão maior.

O leitor vai ainda verificar que é tão necessário quanto possível a educação de crianças, adolescentes e jovens em situação de risco pessoal e social.

O Brasil tem 34 milhões de jovens, entre 15 e 24 anos, que vão ter de encarar o desafio de sobreviver, trabalhar e vencer as adversidades em um mundo tão excludente.

Por fim, a leitura sugere uma nova dimensão para a área de RH: A educação através da arte, preconizada por Platão e implementada pela OAF, ensinando os jovens as lições de solidariedade, autonomia e competência para serem os condutores de seu próprio destino.

Através de uma exposição muito clara de suas idéias e de leitura muito prazerosa, Suzana nos faz refletir sobre a necessidade do esforço conjunto da sociedade para que a responsabilidade social seja entendida como uma ação solidária de todos, Governo, empresas e cidadãos. Só assim poderemos ter um país socialmente justo.

Por tudo isso, a Associação Brasileira de Recursos Humanos – Seccional Bahia – não só apóia, como dá o seu aval a esta obra.

Carlos Pessoa dos Santos
Presidente da ABRH-BA

Agradecimentos

Ao longo das nossas vidas, conhecemos muitas pessoas.

Contudo, o sucesso dos nossos projetos tem influência apenas de poucas.

Exatamente neste momento que escrevo este agradecimento, paro para refletir, faço uma retrospectiva das minhas conquistas (nas quais, naturalmente, este livro se inclui), e visualizo pessoas bastante importantes na minha vida.

Pessoas que me influenciaram, que sempre torceram pelo meu sucesso.

Antes de qualquer um, o agradecimento maior vai para **ELE**: Deus, que guia meus passos, que nunca me abandona, que diariamente me dá provas de que está sempre ao meu lado. Que me conduziu até a Organização de Auxílio Fraterno, me permitiu conhecer mais de perto um outro lado da vida, e que, parecendo achar pouco, ainda me deu a oportunidade de desenvolver um *case* que acabou sendo premiado.

A minha mãe, Lourdes, que me deu a formação que tenho, amiga dos momentos mais difíceis.

A Roberto, meu marido, que sempre confiou no meu trabalho e que foi quem mais me encorajou em publicar esta obra.

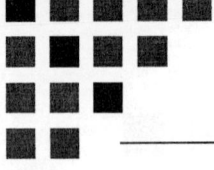

A Lucas e Veronica, meus gêmeos, meus bens mais preciosos, meus filhos.

Às crianças, funcionários, colegas da OAF, todos que constituem esta comunidade, que lutam para construir um mundo melhor. À diretoria, na figura de Marcos de Paiva, meu chefe, aliás meu querido amigo.

E, por fim, meu respeito e admiração a Pe. Clodoveo Piazza, que dedicou sua vida a causas tão nobres.

Sumário

INTRODUÇÃO 1

CAPÍTULO I
O Surgimento do Terceiro Setor 5

CAPÍTULO II
O Cenário – A Organização de Auxílio Fraterno 11

CAPÍTULO III
O Desafio 23

CAPÍTULO IV
A Solução 27

CAPÍTULO V
O Conhecimento 33

CAPÍTULO VI
Responsabilidade Social 47

EPÍLOGO 61

GALERIA DE FOTOS 65

BIBLIOGRAFIA 85

Suzana Laniado C. Nobre

Mensagem

"Tentar e fracassar é pelo menos aprender. Não tentar é sofrer a inestimável perda de desconhecer o que poderia ter sido."

Franklin Delano Roosevelt

Tentar conhecer a essência da vida, transformando em prazer o nosso viver. E no dia que atingirmos esta plenitude, através do lúdico ou não, que maravilha será!!!

Suzana Laniado C. Nobre

Introdução

Solidariedade, Terceiro Setor, Qualidade de Vida, Preocupação com o Bem-estar do Ser Humano, Espírito Cristão. Qual a relação entre todas estas palavras?

A resposta é: tudo. Absolutamente tudo.

Quando atuamos na área de recursos humanos não podemos deixar de praticar diariamente o significado de cada uma destas palavras.

Palavras fortes e que, se entendermos os seus verdadeiros significados, seremos capazes de produzir um mundo muito, mas muito melhor.

A proposta deste trabalho é tentar traduzir a importância da existência, hoje, de um setor chamado de **Terceiro** mas que em matéria de importância deveria ser chamado de Primeiro Setor, ou, quem sabe, de Setor Vital.

A existência do Terceiro Setor caracteriza a realização de atividades inerentes ao Governo até algum tempo atrás, mas que, como não foram bem desempenhadas, forçou a sociedade a se unir para procurar atingir uma melhor qualidade de vida.

Hoje, as ONGs se organizam para a consecução do bem comum, sem visarem lucro, aliás visando o lucro intangível que é a satisfação do indivíduo.

Contudo, não basta procurar atingir apenas o bem comum. Há de se ter muita sensibilidade e procurar entender as limitações de cada indivíduo. Sensibilidade e criatividade têm que ser parceiras na busca da satisfação pessoal.

No ano 2000, quando exercia o cargo de coordenadora de recursos humanos da Organização de Auxílio Fraterno – OAF, convivi com situações diversas (e certamente próprias apenas das ONGs), que estimularam minha criatividade na busca da proposição de soluções.

Desta forma, propus a criação de um Centro de Atividades Lúdicas – CAL que tem por objetivo conciliar as limitações humanas a uma atividade profissional prazerosa e saudável.

Interrogar-nos sempre sobre nossa atuação profissional face às situações-problemas com as quais nos deparamos no dia-a-dia nos fortalece para que possamos, com criatividade, procurar integrar o ser humano ao seu ambiente.

Questionamentos tais como e por que temos que seguir um modelo tradicional de trabalho, ou simplesmente por que temos que atuar em algo que não nos completa, ou ainda o fato de termos pessoas que apresentam deficiências físicas e/ou comportamentais e emocionais, permitem que tenhamos um vasto campo de atuação e que possamos ser instrumento para fazermos algo de diferente no campo profissional.

Com este *case* fui vencedora na categoria profissional, a nível nacional, do Prêmio Oswaldo Checcia – TOP DE RH, concedido pela Associação Brasileira de Recursos Humanos – ABRH.

A partir deste momento, quero partilhar esta marcante experiência, que certamente foi decisiva na minha vida.

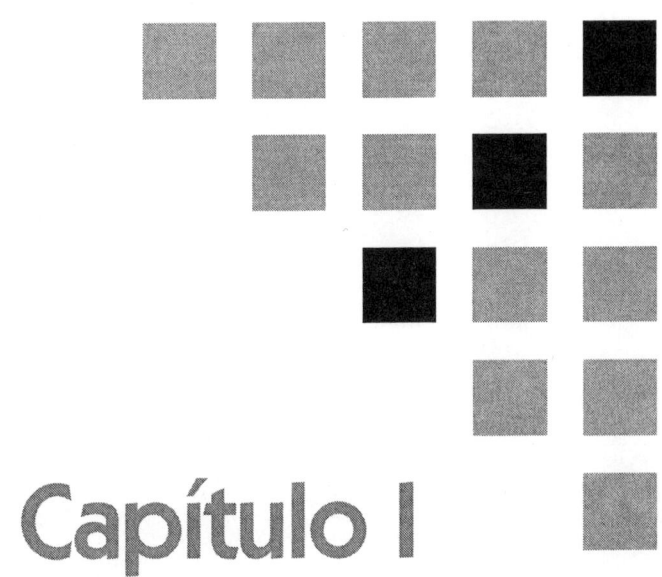

Capítulo I

O Surgimento do Terceiro Setor

Antes de darmos início a qualquer abordagem sobre o tema, quero restringir o escopo deste trabalho às **Organizações Não-Governamentais que atuam com causas sociais**.

De acordo com o filósofo Silveira Bueno, filantropia significa amor aos semelhantes. Este termo era utilizado no mundo greco-helenístico para designar a benevolência dos Deuses. Na sua evolução semântica, o vocábulo tem assumido diversos sentidos. Para o apóstolo Paulo, significa o amor de Deus aos homens. No Iluminismo do século XVIII, a filantropia adquire nova difusão, com repercussão nos processos educacionais, nas obras de assistência social e em atitudes de tolerância religiosa e de pacifismo.

Modernamente, a filantropia distingue-se da caridade, eis que a primeira corresponde a um movimento disciplinado, dirigido para a elevação do bem-estar social da população, ao passo que a segunda toma geralmente um caráter naturalista, correspondendo mais ao impulso espontâneo de auxiliar o próximo.

No Brasil de hoje, a voz dos mais variados grupos sociais se faz ouvir no espaço público. Não há questão de interesse coletivo em relação à qual cidadãos não se mobilizem para cobrar ações do Estado e tomar iniciativas por si mesmos. Este protagonismo dos cidadãos determina uma nova experiência de democracia no quotidiano, um novo padrão de atuação aos governos e novas formas de parceria entre sociedade civil, Estado e mercado.

Ampliam-se os recursos e as competências necessários para o enfrentamento dos grandes desafios nacionais, como o combate à pobreza e a incorporação dos excluídos aos direitos básicos de cidadania.

No entanto, tudo isto é ainda muito recente e, como toda novidade, questiona velhas idéias e coloca novas questões. Novas realidades requerem novos mecanismos e procedimentos. O surgimento de um Terceiro Setor – não-governamental e não-lucrativo – redefine o Estado e o mercado. Por outro lado, o Terceiro Setor também se vê, ele próprio, confrontado ao desafio de qualificar e expandir suas ações de promoção de uma **solidariedade eficiente**.

Paradoxalmente, o fortalecimento da sociedade civil no Brasil se deu no bojo da resistência à ditadura militar. No momento em que o regime autoritário bloqueava a participação dos cidadãos na esfera pública, micro-iniciativas na base da sociedade foram inventando novos espaços de liberdade e reivindicação. Falava-se, então, muito de Estado e pouco de mercado. Repressão política e dominação econômica se interpretavam e se reforçavam mutuamente.

Neste contexto, a **solidariedade**, sempre presente nas relações interpessoais, nas redes de vizinhança e ajuda mútua, inspira a ação de movimentos voltados para a melhoria da vida comunitária, defesa de direitos e luta pela democracia. É deste encontro da **solidariedade** com a cidadania que vão surgir e se multiplicar as organizações não-governamentais de caráter público.

Nos anos 70, o fortalecimento da sociedade civil – embrião do Terceiro Setor – se faz em oposição ao Estado autoritário. Com o avanço da redemocratização e as eleições diretas para todos os diversos níveis de governo, as organizações de cidadãos assumem um relacionamento mais complexo com o Estado. Reivindicação e conflito passam a coexistir, segundo os momentos e as circunstâncias, com diálogo e colaboração. Nos anos 90, surge a palavra **parceria** como expressão de um novo padrão de relacionamento entre os três setores da sociedade.

O Estado começa a reconhecer que as **Organizações Não-Governamentais** acumularam um capital de recursos, experiências e conhecimentos sobre formas inovadoras de enfrentamento das questões sociais que as qualifica como interlocutoras e parceiras das políticas governamentais.

O mercado, antes distante, para não dizer indiferente às questões de interesse público, começa a ser penetrado pela noção de **responsabilidade social** e passa a ver nas organizações sem fins lucrativos canais para concretizar o investimento do setor privado empresarial nas áreas social, ambiental e cultural.

O próprio Terceiro Setor começa a se ampliar para além do círculo das ONGs, valorizando outros serviços como a filantropia empresarial, as associações beneficentes e recreativas, as iniciativas das igrejas e o trabalho voluntário.

A afirmação deste novo perfil participante e responsável da sociedade brasileira se traduz na busca de novas formas de articulação entre organizações do Terceiro Setor, órgãos governamentais e empresas.

A colaboração trans-setorial assume os contornos de um desenho de geometria variável. Através da experimentação de ações em parceria, Governo e sociedade começam a aprender a pensar e agir juntos, identificando o que cada um faz melhor e somando esforços em prol de objetivos de interesse comum.

Identificam-se pautas de ação consensual sem prejuízo da persistência necessária e fecunda de conflitos e tensões. A ampliação das áreas de convergência não implica o apagamento das diferenças entre os setores. Pelo contrário, por serem diferentes é que podem canalizar recursos e competências específicas e complementares.

Valorizar a co-responsabilidade dos cidadãos não significa eximir o Governo de suas responsabilidades. Significa, isto sim, reconhecer que a parceria com a sociedade é que permite ampliar a mobilização de recursos para iniciativas de interesse público. No mundo contemporâneo, a democracia como exercício quotidiano não é mais possível sem a presença e ação fiscalizadora dos cidadãos. O papel de uma sociedade informada e atuante não é o de esperar tudo do Estado. Cuidar junto aparece, cada vez mais, como alternativa eficiente e democrática.

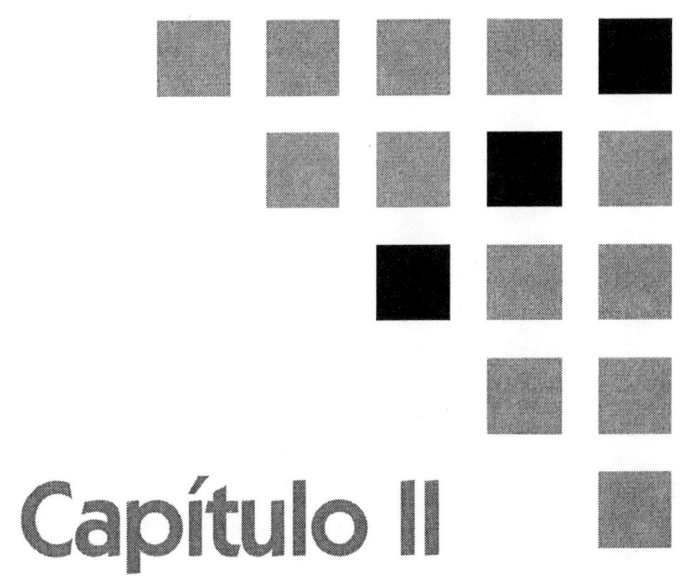

Capítulo II

O Cenário – A Organização de Auxílio Fraterno

Em 12 de outubro de 1958, em Salvador – Bahia, uma advogada de nome Dalva Matos, que na época trabalhava no Juizado de Menores, decidiu dedicar a sua vida à construção de uma obra que diminuísse o sofrimento daquelas pessoas excluídas do convívio social.

Desta forma, fundou uma instituição, que na época não era classificada como ONG, e passou a abrigar crianças e mães que não possuíam casa.

Na ocasião de sua fundação, o serviço oferecido pela entidade resumia-se basicamente ao internato, onde crianças e mulheres conviviam e eram assistidas com grande esforço por parte de Dalva Matos e outros benfeitores, com destaque para D. Vanda Raymunda Pereira. Mas, já naquele momento, a advogada defendia que era por meio da educação que crianças e mães conseguiriam autonomia e liberdade na sociedade.

Durante muito tempo a instituição sobreviveu apenas dos serviços voluntários, das doações de pessoas físicas e jurídicas e das esporádicas subvenções dos órgãos públicos.

Posteriormente, foi implantada uma pequena oficina que servia como instrumento de aprendizagem para os alunos e, também, para ajudar na manutenção do orfanato.

A OAF, entretanto, passou e vem passando por uma série de transformações. Abandonou a postura assistencialista, característica da fase em que esteve sob a direção de D. Dalva Matos, e passou a adotar medidas que levassem as crianças, aos adolescentes e as mulheres assistidas a transitar da condição passiva de sujeitos a agentes de seus próprios processos educativos. Hoje, sob a coordenação do padre italiano Clodoveo Piazza, a OAF é uma instituição composta de diversas unidades que desenvolvem diferentes atividades no campo da educação, em parceria com outras instituições ou não.

Pertencendo à mesma organização, essas unidades têm em comum o mesmo objetivo: **a educação de crianças, adolescentes e jovens em situação de risco pessoal e social**.

Para a consecução da sua obra, a OAF busca a sua autosustentacão através dos produtos que fabrica nas diversas oficinas produtivas. O maior cliente da OAF é o Governo do Estado da Bahia, que, através de convênios diversos, adquire os bens produzidos, tais como cadeiras e mesas escolares, materiais gráficos diversos, contratação de serviços de manutenção predial, confecção de fardamentos, dentre outros. Também comercializa seus produtos para empresas privadas e pessoas físicas.

A OAF está organizada da seguinte forma:

ÁREA SOCIAL – Esta área é responsável por receber as crianças encaminhadas pelo Juizado da Infância e da Juventude e abrigá-las em uma casa-lar, onde residem outras nove crianças, contando com a presença da mãe e/ou do pai social. O que a OAF mantém não é uma casa mas, sim, um lar. Trata-se de reconstruir, na medida do possível, o ambiente de uma família, com sua rede estável de papéis e de funções. Não um espaço de contatos restritos ou ocasionais, mas um lugar de relações humanas duradouras e genuínas.

Sendo responsável pela reprodução do ambiente familiar, orienta as crianças e adolescentes, acompanha o seu desenvolvimento, seus problemas e dificuldades.

Também conduz as crianças para atividades lúdicas, recreativas e passeios fora da instituição. Nela temos o Residencial Santo Inácio, que é um prédio com capacidade para atender 100 crianças/adolescentes.

ÁREA EDUCACIONAL – Responde pelos processos educacionais desenvolvidos pela instituição, seja para os internos, seja para a comunidade.

Assim, destacamos:

- **Escola Carlo Novarese** – Oferece cursos de Educação Infantil (75 crianças), Ensino Fundamental (200 crianças/adolescentes), Telecurso (140 alunos) e atividades que compõem o projeto Lançando a Rede (20 adolescentes). O corpo discente da Educação Infantil e das séries do Ensino Fundamental é constituído de internos do residencial, ex-internos que retornaram para suas famílias, crianças e adolescentes que residem em comunidades próximas à OAF e/ou que se encontram em situação de risco social. A faixa etária vai de 2 a 17 anos.

  Os alunos que compõem a turma do Telecurso é formada por mães/pais sociais, funcionários, adolescentes e adultos da comunidade. Os integrantes do projeto Lançando a Rede são adolescentes usuários de substâncias psicoativas em situação de risco social e pessoal.

  Além das disciplinas básicas, a escola oferece, em turno integral, atividades complementares como artes plásticas, música, teatro, movimento (dança e capoeira), informática, filosofia, oficina criativa e lego pedagógico. E utiliza como temas transversais, de acordo com os novos parâmetros curriculares, a ética, a saúde, o meio ambiente, a orientação sexual, a pluralidade cultural e o trabalho.

- **Escola Nossa Senhora de Guadalupe** – Localizada em Gamboa, na Ilha de Vera Cruz (Itaparica), segue o conceito de vida da comunidade em que está inserida – "Um olho na Terra, o outro no mar". Ou seja, oferece o Ensino Fundamental, privilegiando a arte-educação e educação profissional de adolescentes e o desenvolvimento de habilidades coerentes com as condições ambientais locais e o mercado de trabalho existente.

    Desde 1999, a escola oferece a 213 alunos acesso ao Ensino Fundamental em tempo integral, tendo incorporado ao currículo básico atividades de reforço, arte-educação (plástica, cênica, náutica) e relacionadas ao meio ambiente. Além disso, oferece cursos de curta e média durações, como o que forma jovens marinheiros, o de jardinagem decorativa, o de pintura em tecidos, o de artefatos de pesca-espinhel e o de motores náuticos. A escola atende a 152 alunos em curso de 32 horas e a 60 alunos em curso de 600 horas.

- **Centro de Formação de Jovens Instrutores – CFJI** – Criado em 1990, o Centro de Formação de Jovens Instrutores (CFJI) tem por objetivo a formação técnico-profissional de adolescentes com idade entre 14 e 17 anos e com escolaridade a partir da 5ª série do Ensino Fundamental, durante o dia, e de jovens acima dos 18 anos de idade à noite, formação esta que é alinhada ao desenvolvimento da cidadania, do senso crítico e do espírito de solidariedade nos mesmos, capacitando-os como agentes transformadores da sociedade. Antes de ingressarem no CFJI, os alunos passam por uma seleção que inclui avaliação escrita e avaliação da situação socioeconômica de suas famílias. A prioridade é sempre para aqueles de maior dificuldade familiar/financeira, aliado ao melhor desempenho intelectual.

O CFJI tem capacidade para atender, em média, 700 jovens/adolescentes por ano e oferece os seguintes cursos: Corte e Costura, Mecânica de Auto, Vídeo, Panificação, Tornearia e Ajustagem, Automação Industrial, Mecânica Industrial, Eletroeletrônica e Artes Gráficas.

A proposta pedagógica do CFJI tem como base o referencial teórico da Escola Produtiva (a educação para e pelo trabalho), da Politécnica e da chamada Escola UNICA, que, além da competência técnica, propicia aos alunos e instrutores os conhecimentos necessários à compreensão do homem em todas as suas dimensões, da produção material à espiritual.

O CFJI ainda desenvolve, por meio do Projeto Cata-vento, um conjunto de atividades pedagógicas e empresariais direcionadas para a transformação dos cursos profissionalizantes em unidade de negócios, buscando a auto-sustentação dos alunos egressos dos cursos, a fim de possibilitar a geração de renda para suas famílias.

Universidade da Criança e do Adolescente – UNICA – Primeiro centro interativo de ciência e tecnologia do Nordeste, quer romper com as fronteiras que separam a educação, a técnica/tecnologia e o trabalho. Trata-se de trazer para o cotidiano de crianças e adolescentes dimensões cognitivas e de natureza científico-tecnológica que serão cada vez mais indispensáveis para uma concreta inserção num mundo cada vez mais globalizado e informatizado.

A UNICA fascina as crianças e adolescentes pela possibilidade da interatividade, provocando a reflexão dos fenômenos científicos e favorecendo uma identificação com atividades e saberes específicos, desde os mais simples até os mais aparentemente complicados. O fascínio também desperta o desejo de conhecer mais e, por isso, de agir e de estudar, possibilitando uma conexão entre os fatos do cotidiano e os experimentos realizados em alguns dos setores nos quais as crianças se movimentaram.

As atividades científico-tecnológicas da UNICA são divididas em dois módulos: no primeiro estão incluídos eletromagnetismo, energia, óptica e luz; no segundo estão incluídos ondas, acústica, fluidos, mecânica e matemática. Os conceitos científicos que integram cada uma das áreas são apresentados e comprovados por meio de atividades lúdicas interativas, equipamentos intrigantes e bate-papos.

- **Centro de Manutenção Predial** – O objetivo deste centro é contribuir para a auto-sustentação da OAF, através da prestação de serviços de reforma, manutenção predial e de ações artísticas, culturais e pedagógicas voltadas para a comunidade e preservação do patrimônio público.

    Ele foi criado para absorver e qualificar adolescentes residentes na instituição, do Centro de Formação de Jovens Instrutores, da comunidade e profissionais provenientes do mercado. Este centro busca capacitar esses jovens/profissionais através do trabalho realizado nos canteiros de obras, nas áreas de carpintaria, revestimentos, pintura, instalações elétricas, hidrossanitárias, dentre outras. Paralelamente, desenvolve ações educativas e de produção cultural, voltadas para preservação e conservação do patrimônio público.

    ÁREA DE PRODUÇÃO – Responde pela fabricação dos produtos a serem comercializados, a fim de proverem o sustento da Organização. Compõem esta área as seguintes oficinas produtivas:

- **Oficina de Marcenaria** – Fabrica móveis escolares, tais como conjuntos de mesa e cadeira, armários, estantes, dentre outros. Não se limita apenas à produção de móveis escolares, atendendo também a encomendas diversas.

- **Oficina de Plástico** – Fabrica os encostos e o acento das cadeiras escolares.

- **Oficina Gráfica** – Produz diversos materiais gráficos, com destaque para o atendimento das encomendas do Governo, tais como diários escolares, boletins, dentre outros.

- **Confecção** – Confecciona fardamentos diversos, bandeiras, camisetas, dentre outros, para o mercado externo, bem como para o atendimento das necessidades internas, tais como fardamento para os funcionários e para os internos.

- **Produção de clipes** – Oficina para produção de clipes de diversos tamanhos.

- **Serigrafia** – Realiza trabalhos diversos de serigrafia. Conta com diversos tipos de equipamento, capazes de realizar trabalhos diferenciados.

ÁREA ADMINISTRATIVA

- **Recursos Humanos e Pessoal** – Responde pela administração dos funcionários da instituição, folha de pagamento, cumprimento da legislação, benefícios, capacitação, recrutamento e seleção, segurança do trabalho, negociação sindical, dentre outros.

- **Contabilidade e Financeira** – Responde pela área contábil e financeira.

- **Compras** – Responde pelas compras diversas, dentre elas as de matéria-prima, material de escritório e expediente, gêneros alimentícios, etc.

- **Vendas** – Responde pela comercialização dos produtos fabricados.

No ano de 1999, a OAF foi vencedora, na categoria Grande Empresa, do **PRÊMIO DE QUALIDADE E PRODUTIVIDA-**

DE conferido pela Confederação Nacional da Indústria em parceria com a Federação das Indústrias do Estado da Bahia, a nível estadual. Acumula também os prêmios **SÓCIO EDUCANDO**, concedido em 1998, e o PRÊMIO PAULO FREIRE, também em 1998. O atual presidente da instituição também acumula diversos prêmios pela sua atuação.

Desta forma, podemos afirmar que a ORGANIZAÇÃO DE AUXÍLIO FRATERNO tem por finalidade prestar assistência a crianças e jovens em situação de grave dificuldade, desamparo, abandono, risco social e pessoal, competindo-lhe:

- Formular e executar programas de acolhimento a crianças e jovens em regime de casas-lares, de acordo com legislação específica.
- Planejar e executar programas de orientação e apoio sociofamiliares.
- Promover o desenvolvimento harmônico do indivíduo no aspecto espiritual, social, físico e afetivo.
- Incentivar e proporcionar o acesso à escolarização e a inserção numa dinâmica de forma contínua.
- Promover e executar programas de formação profissional de jovens e adultos, favorecendo a inserção e a permanência no mercado de trabalho.
- Desenvolver programas de capacitação e requalificação de recursos humanos, destinados à operacionalização das políticas de atendimento a crianças e adolescentes.
- Promover, participar e realizar estudos e pesquisas.
- Promover, participar e realizar programas e ações de proteção, promoção e defesa dos direitos da criança e do adolescente.

- Articular-se com organismos públicos e privados, nacionais e internacionais, que atuam nas áreas de pesquisa, formação, promoção, proteção e defesa de direitos.
- Exercer outras atividades complementares que visem à consecução de suas finalidades.

Há uma legislação que determina até que idade o adolescente pode permanecer na instituição. Há uma forte preocupação no sentido de preparar o já adulto para sair da instituição, iniciando desta forma uma nova vida.

Imaginemos uma pessoa sem família, que chegou ainda muito pequena na instituição e que não tem qualquer referência na vida além das pessoas que lhe acolheram e lhe deram carinho. As possibilidades, inclusive, de conseguir trabalho por conta própria ficam bastante reduzidas.

Ciente destas limitações, a OAF procura identificar uma área de trabalho dentro da própria instituição, de acordo com as características individuais.

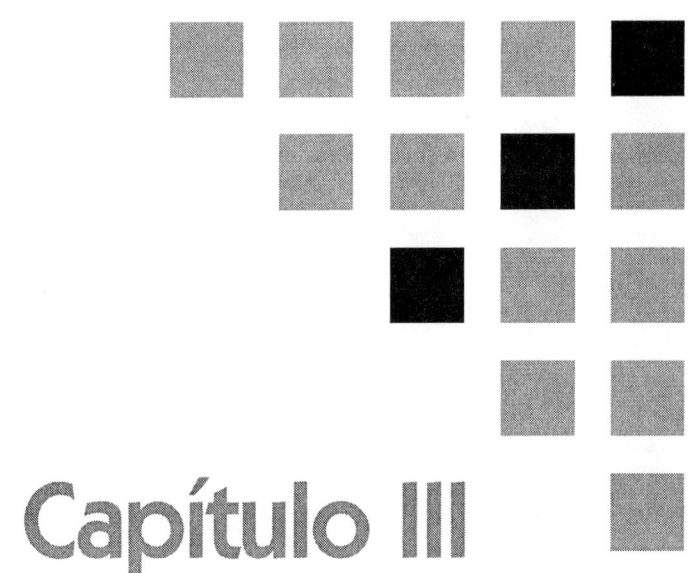

Capítulo III

O Desafio

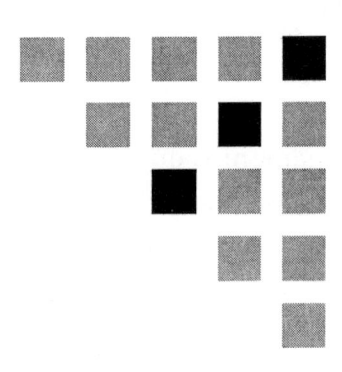

Ao mesmo tempo que temos uma enorme responsabilidade social, convivemos num mundo onde as exigências que recaem sobre a qualidade dos produtos e serviços são incomensuráveis.

Temos que oferecer qualidade para que possamos nos tornar competitivos e o nosso retorno financeiro ser traduzido em retorno social. Nunca podemos perder de vista que esta superestrutura que hoje há na OAF só existe porque, em contrapartida, há também uma enorme responsabilidade social a perseguir.

Paralelamente ao fato de ter que se firmar enquanto competente produtora de bens duráveis e fornecedora de serviços de qualidade, até para que possa se enquadrar nas exigências internacionais, é necessário conciliar a realidade social, principalmente daquelas pessoas que um dia foram internas da instituição e que passaram a trabalhar em uma das áreas de produção, mas que infelizmente não conseguem atingir os padrões mínimos de qualidade exigidos nos dias de hoje.

Muitas destas pessoas têm limitações físicas e comportamentais e sérios comprometimentos emocionais, o que as tornam pessoas instáveis, afetando diretamente o seu desempenho no trabalho.

Enquanto coordenadora de recursos humanos venho repensando o papel de gestora desta área e tenho feito alguns questionamentos quanto à inserção de uma população com as características anteriormente citadas num ambiente de trabalho.

Busco respostas para as seguintes questões:

- Por que temos que ser infelizes?
- Por que temos que nos enquadrar num modelo tradicional de trabalho e não permitir que aflore a nossa criatividade?
- Se temos pessoas com algumas limitações, como podemos tratá-las de maneira uniforme, exigindo os mesmos padrões de desempenho das pessoas que tiveram a felicidade de não conviver com estes problemas?
- Por que os produtos que ofertamos têm que ser bens duráveis?
- Por que não podemos produzir e comercializar arte?
- Se buscamos qualidade de vida, nós, principalmente nós que somos uma ONG, temos um grande desafio, como superá-lo?
- Como posso permanecer impassível diante desta realidade, uma vez que profissionalmente tenho que exercer o papel de gestora de recursos humanos mas que se sobrepõe ao principal papel que todos temos que exercer, que é o de cristão, de solidário, de agentes transformadores?

Com base em todas estas reflexões fui impelida a criar alguma coisa. É sobre esta "alguma coisa" que versa o próximo capítulo.

Capítulo IV

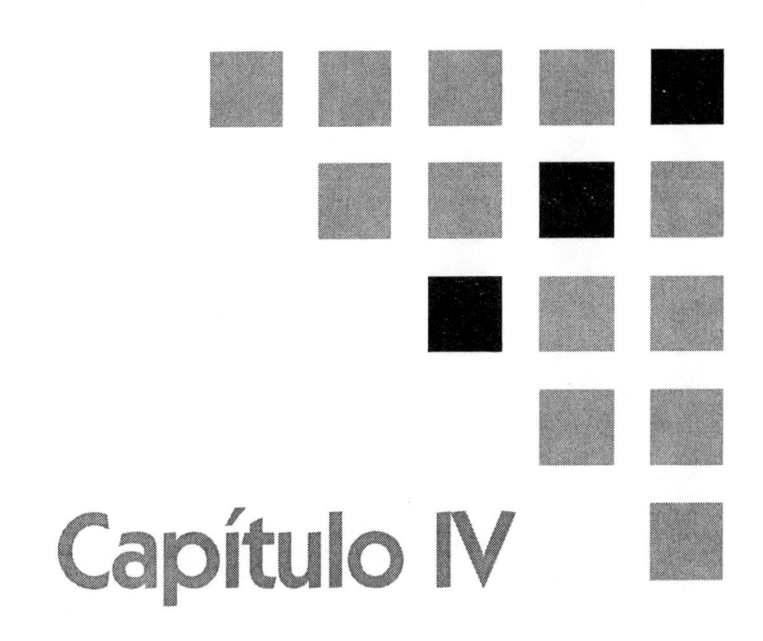

A Solução

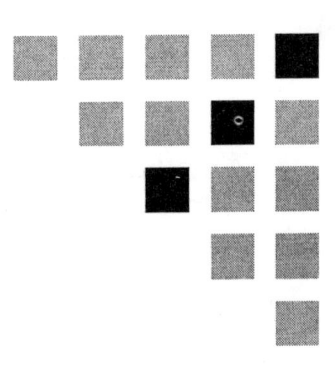

O Centro de Atividades Lúdicas – CAL é um espaço destinado àquelas pessoas que apresentam qualquer tipo de limitação, seja física, emocional ou comportamental, para que possam desenvolver suas habilidades artísticas, de forma a despertar o prazer pelo trabalho. Nosso público alvo é formado principalmente por ex-internos, que são funcionários mas que, por apresentarem algum tipo de deficiência, não conseguem atingir os padrões de desempenho desejados.

Deve ser encarado como um local de trabalho que possui normas e regras de conduta, onde cada participante realizará atividades que reverterão para um fim específico.

Destacamos as oficinas de modelagem em argila, construção em madeira e pintura como sendo as atividades iniciais.

Na modelagem, inicialmente, há a exploração sensorial do material (sensação plástica em si), depois começa a fazer cobras e bolas, nomear o que está fazendo e só depois começa a formar objetos com uma intenção previamente determinada.

Como na modelagem, a construção também se baseia em concepções tridimensionais. Na construção, se chega ao produto através da junção de diversas peças separadas.

A pintura é uma atividade onde o controle sobre os movimentos do pincel é regido pelo próprio desenvolvimento motor do ser humano. O que pinta é resultado direto de sua estrutura e desenvolvimentos físicos. O indivíduo é orientado a dosar a tinta, limpar o pincel antes de usar outra cor e é estimulado a aproveitar todo o espaço do papel ou da tela. À medida que adquire maior controle sobre o seu trabalho, deixa de pintar aleatoriamente e começa a estruturar suas pinceladas, abrindo margem para se trabalhar a orientação espacial, possibilidade de comparação e livre escolha das cores.

Cada participante irá desenvolver atividades em cada oficina até que seja identificada sua habilidade específica. A partir daí, será desenvolvido o seu potencial criativo, permitindo que com o decorrer do tempo ele possa pensar até em se estabelecer e comercializar as peças que produzir.

Lembremos que a população envolvida neste trabalho é de funcionários da OAF. Assim, para que não seja criada a falsa imagem de discriminação, entendemos a participação de cada um neste centro como extensão do seu trabalho.

Desta forma, é necessário que haja o controle da pontualidade e do absenteísmo, bem como a inter-relação de toda produção artística na atividade laboral.

OBJETIVOS:

- Identificar habilidades.
- Proporcionar o prazer pelo trabalho.
- Socializar pessoas, desenvolvendo sua criatividade, auto-afirmação, expressão, livre exploração.
- Melhorar a qualidade de vida da população envolvida.
- Relacionar a produção do trabalho à atividade laboral, uma vez que serão estas pessoas que deverão confeccionar objetos para

- serem entregues em datas comemorativas a nossos funcionários.
- Procurar promover a participação em exposições, permitindo que a receita das vendas reverta para o funcionário.
- Divulgar a imagem da OAF enquanto instituição que tem a preocupação em conciliar as variáveis trabalho x satisfação;
- Divulgar nossa produção artística para fora do país através dos nossos parceiros, principalmente na Itália.

Por se tratar de uma iniciativa pioneira da OAF, não pode ser um projeto que incorra em custos elevados.

EQUIPE DE TRABALHO:

A fim de desenvolver este projeto, é necessária a participação dos seguintes profissionais:

- **Coordenadora de Recursos Humanos** – O CAL está diretamente ligado à coordenação de recursos humanos. A coordenadora de recursos humanos foi a idealizadora do projeto, que conta com o apoio da presidência e da diretoria da OAF. Cabe a este profissional a identificação das pessoas que devem participar das atividades do Centro de Atividades Lúdicas, convocá-las e transmitir-lhes as informações quanto à importância da sua participação e qual a sua contribuição para o todo da instituição.

Após selecionados os participantes, caberá também à coordenadora de recursos humanos identificar em cada um todo o seu histórico, os tratamentos já realizados, o histórico de sua vida, como chegou à instituição, suas carências, se já teve crises, se já foi internado, se faz uso de medicação, etc.

De posse destas informações, a coordenadora deverá transmiti-las à psicóloga que irá trabalhar diretamente com os envolvidos.

Caberá ainda à coordenadora de recursos humanos a administração do CAL, bem como a articulação com o meio externo para a realização de exposições.

Outra responsabilidade a destacar dos participantes do CAL, é que caberá a eles a confecção dos brindes que serão entregues aos demais funcionários da OAF em datas comemorativas.

- **Psicóloga** – Receber as informações sobre o histórico de cada integrante do CAL, identificar habilidades, direcionando-o para as atividades às quais melhor se adaptar. Caberá também a avaliação periódica do desempenho de cada um, repassando as informações à coordenadora de recursos humanos.

- **Artistas Plásticos** – São três profissionais, sendo um da área de modelagem em argila, outro para a confecção de itens em madeira e o terceiro para pintura de telas e tecido.

- **Pessoal de Apoio** – Refere-se ao pessoal de limpeza e vigilância.

Capítulo V

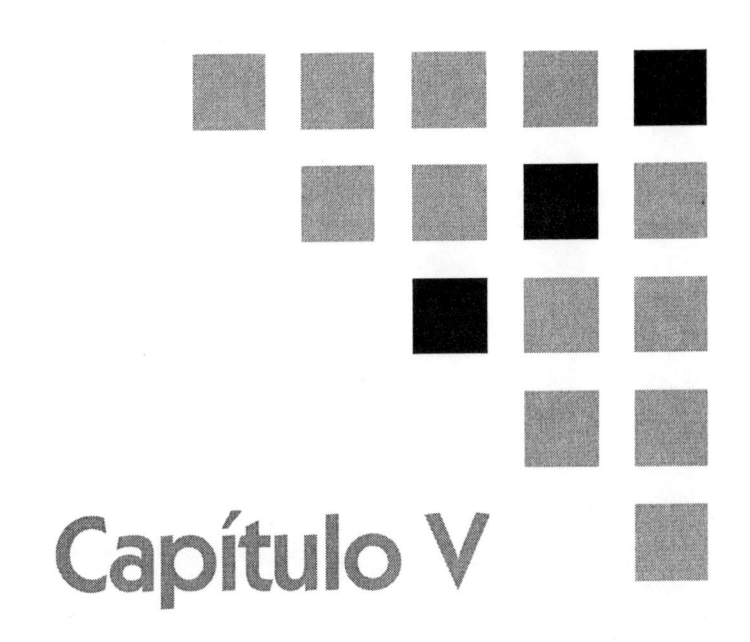

O Conhecimento

Atualmente, os indivíduos perderam, em grande parte, sua capacidade de identificação com o que fazem. Poucos são os que podem assinalar a sua contribuição pessoal para a sociedade. A linha de montagem fez do homem uma máquina. Em alguns casos, pode até nunca chegar a saber o que está fazendo. As interrogações Quem sou eu?, Aonde vou?, O que represento? convertem-se num sério dilema.

Numa sociedade democrática, é essencial que o indivíduo esteja capacitado para saber o que pensa, dizer o que sente e ajudar a reconstruir o mundo que o cerca. A necessidade de auto-identificação deve ser uma preocupação de todos nós.

É muito difícil alguém se identificar com o seu trabalho quando este nada mais é do que um meio de ganhar dinheiro. Devemos estar aptos a usar nossos sentidos livremente, de uma forma criadora, e a desenvolver atitudes positivas em relação a nós mesmos e àqueles que nos cercam, para que esta aprendizagem seja eficaz.

É incrível como pequenos instrumentos (argila, um lápis, uma tela, um pincel...) nos fazem viajar pelo fascinante mundo das Artes. Mais ainda, se nos permitirmos ser envolvidos por esta jornada, participando efetivamente, deixando a arte educar e educando-nos, é bem capaz que consigamos conquistar a possibilidade de viver a vida da forma mais plena possível... Arte-educação.

Embora o trabalho artístico seja tão antigo quanto a própria civilização, seu reconhecimento, como fator de educação, é relativamente recente. Platão talvez tenha sido o primeiro filósofo a preconizar um sistema de educação baseado na atividade artística. Sua tese se constituiu, por muitos séculos, numa dessas "curiosidades" da história da filosofia, sem, no entanto, ter emprego prático. Os estudiosos da matéria, contudo, jamais deixaram de reconhecer a beleza das conclusões do filósofo grego e a lógica em que se alicerçavam seus preceitos.

E a que tese se referia Platão? Simplesmente que o indivíduo poderia e deveria ser educado através da **ARTE**.

Afinal, o que é ARTETERAPIA?

Arteterapia tem a ver com arte e com Psicologia. Mas não é uma aula de arte, nem terapia psicológica.

Mas, como educar o indivíduo através da arte? O que se entende por arte? E por Educação?

Preliminarmente, digamos que, do ponto de vista científico, **Arte é a expressão legítima de um tipo de personalidade mental**. Isto porque qualquer definição de arte sempre envolve dois princípios fundamentais: o da forma, que deriva de nossa opinião do mundo orgânico e do aspecto universal de todas as obras artísticas, e o princípio da criação, peculiar à mente humana e que a leva a criar e apreciar a criação de símbolos, fantasias, mitos, etc. **A forma é uma função da percepção, a criação da imaginação. Essas duas atividades mentais esgotam, no seu jogo dialético, todos os aspectos psíquicos da experiência estética**.

A idéia é trazer à consciência conteúdos para serem trabalhados.

Esse trabalho se processa e expressa através da arte. Pode ser em desenho, pintura, modelagem, dança, dentre outros. Usa-se também o som, mas música já é a área de Musicoterapia.

Embora a Arteterapia tenha se desenvolvido na Inglaterra, depois da Segunda Grande Guerra, a partir das idéias de Jung, hoje ela se espalhou pelo mundo e usa "pinceladas" de várias outras teorias, como, por exemplo alguns exercícios de Biodança, técnicas de relaxamento, expansão da consciência, etc.

O arteterapeuta deve ser um artista, ter uma convivência íntima com a arte e na formação fazer uma base razoável em Psicologia Junguiniana.

A Arteterapia pode ser aplicada num "atelier terapêutico".

O tratamento é feito em grupo, com sessões de uma a duas vezes por semana, onde também trabalha o aspecto relacional.

Ou pode ser um acompanhamento individual, só com o terapeuta e o paciente. **De uma forma ou de outra, é um jeito soft de fazer virem à tona situações inconscientes que precisam ser esclarecidas e redirecionadas para que a pessoa possa viver melhor.**

A Arte-educação em muito tem contribuído para um novo entendimento do ser humano nas suas várias formas de agir e de pensar. Sabemos que a arte é de fundamental importância na consecução da tão propagada interdisciplinaridade.

Buscando adaptar nosso atendimento às necessidades da nossa população em questão, nosso principal objetivo na área de Arte-educação é a **sociabilização.**

Sendo uma linguagem natural, às vezes mais clara e significativa do que a linguagem oral, com a vantagem de poder ser compreendida por todos, seja qual for o idioma, a arte pode e deve cooperar, em escala apreciável, na educação do indivíduo. Atualmente, representa um dos grandes recursos de liberação de tensões e conflitos tão freqüentes na personalidade humana.

As atividades artísticas favorecem a disciplina da atenção por encerrar a análise de múltiplas formas, a compara-

ção de grandezas no sentido das proporções, a avaliação das relações espaciais, a percepção das posições relativas das linhas diretrizes de movimento, a estimativa das intensidades cromáticas, o conhecimento da natureza e do efeito das cores. No trabalho criador, intervêm processos mentais complexos e diversos: visuais, motores e de associação.

A atividade criadora constitui um instrumento de expressão objetiva porque exterioriza o pensamento, assinalando-lhe os valores e os ideais. É o meio de expressão comum aos homens, no tempo e no espaço. Em todas as épocas, o Homem demonstrou possuir acuidade visual, capacidade de síntese e aptidão para focalizar graficamente a vida e o movimento.

A imaginação e o poder criador se estimulam pela continuidade que a execução de um trabalho plástico estabelece entre mecanismos motrizes e o pensamento, fazendo surgir a sensação de alegria nos indivíduos que criam e produzem.

E o prazer que proporciona? Prazer desinteressado, sem implicações, sem compromissos. Mas também violenta comoção orgânica, tensão do corpo, profunda vertigem, às vezes até violenta exaltação, quando amamos verdadeiramente alguma coisa cujo esplendor nos domina, como uma força implacável. Sim, o prazer estético é, neste sentido, uma ocorrência física, uma festa do corpo, algo como uma imóvel dança mimética. É o paradoxo de uma pedagogia artística de querer criar, produzir, desenvolver, educar, essa disposição dos nervos, quando tudo nos leva a crer que ela existe ou não existe em cada um de nós, como uma arbitrariedade dos cromossomos.

Certamente com a Arte-educação, além de abrirmos a possibilidade de integração, procuramos atingir outros objetivos. Apropriando-nos da multiplicidade de recursos disponíveis nas técnicas de artes plásticas, procuramos oferecer aos atendidos a oportunidade de desenvolvimento emocional, intelectual, físico, perceptual, social, estético, criador, expressão, auto-afirmação, livre exploração e criatividade.

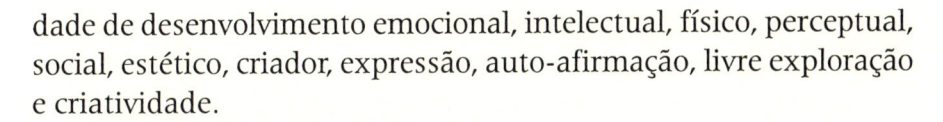

O QUE DEVEMOS DESPERTAR?

- **DESENVOLVIMENTO EMOCIONAL** – Um desenho pode proporcionar a oportunidade do desenvolvimento emocional, e o grau em que isso é conseguido tem relação direta com a intensidade com que o autor se identifica com a sua obra. Embora isso não seja facilmente medido, as fases de auto-identificação variam entre um baixo nível de envolvimento, com repetições estereotipadas, e um nível em que o criador está sinceramente empenhado em retratar as coisas que são significativas e importantes para ele, pois ele próprio aparece retratado. É aqui que existe a melhor oportunidade para uma descarga emocional.

    Todo ajuste a uma nova situação implica flexibilidade, flexibilidade no pensamento, flexibilidade na imaginação e flexibilidade na ação. Em problemas graves, de desajustamento emocional, poderá haver uma dificuldade real na adaptação a novas circunstâncias.

- **DESENVOLVIMENTO INTELECTUAL** – Ao mesmo tempo que ajuda a desenvolver relações sensíveis com sua criação, poderá ser extremamente benéfico para encorajar uma conscientização das diferenças existentes no ambiente, a qual poderá favorecer o desenvolvimento intelectual. É importante que possa manter um equilíbrio apropriado entre a evolução emocional e a intelectual. Se verificarmos que um indivíduo está restrito em sua expressão criadora e, no entanto, é intelectualmente muito desenvolvido, devemos facilitar-lhe a oportunidade de alcançar o equilíbrio. A arte pode desempenhar essa função, através de motivações adequadas.

■ **DESENVOLVIMENTO FÍSICO** – No trabalho criador, o desenvolvimento físico manifesta-se em sua capacidade de coordenação visual e motora, na maneira como controla seu corpo, orienta seu traço e dá expressão às suas aptidões. As mudanças no desenvolvimento físico podem ser facilmente observadas quando os traços no papel mudam de alguns rabiscos à toa para um garatujar controlado, dentro de um prazo de tempo relativamente curto. Mas não é só a participação direta na atividade corporal que aponta o desenvolvimento físico em atividades criadoras, pois a projeção consciente e inconsciente do corpo também constitui uma indicação. Essa projeção do eu no desenho costuma ser designada como figuração mental do corpo. Com freqüência, também será retratada a presença inconsciente de tensões musculares ou sensações corporais. A contínua exageração ou omissão de algumas partes do corpo pode estar vinculada ao desenvolvimento físico do indivíduo.

■ **DESENVOLVIMENTO PERCEPTUAL** – O cultivo e o desenvolvimento dos nossos sentidos são uma parte importante da experiência artística. Isto é de conseqüência vital, pois a fruição da existência e a capacidade de aprendizagem talvez dependam do significado e da qualidade das experiências sensoriais. Na atividade criadora, o crescente desenvolvimento perceptual pode ser observado na conscientização progressiva e no uso, cada vez maior, de toda uma variedade de experiências perceptuais por parte do indivíduo. A observação visual é, normalmente, aquela à qual se atribui maior ênfase na experiência artística. Com ela se desenvolve uma crescente sensibilidade à cor, à forma e ao espaço. As primeiras fases do desenvolvimento indicam, simplesmente, fruição e reconhecimento da cor, ao passo que em níveis mais avançados já podem ser estimuladas relações de cor em constante variação, com luzes diferentes e em diferentes condições. O desenvolvimento perceptual revela-se na crescente sensibilidade às sensações do tato e da pressão, desde o simples amassar do barro de modelagem e a exploração tátil de contexturas até as reações sensitivas ao barro, na modelação de uma escultura, e na fruição das diferentes qualidades da superfície e do contexto, numa variedade de formas artísticas. O desenvolvimento perceptual também inclui a área complexa da percepção espacial. O conhecimento e a compreensão do espaço imediato, aquele dotado de certo significado. À medida que cresce, o espaço circundante amplia-se e muda a forma como o indivíduo o percebe.

DESENVOLVIMENTO SOCIAL – O desenvolvimento social pode ser facilmente apreciado em seus esforços criadores. Os desenhos e as pinturas refletem o grau de identificação do indivíduo com suas próprias experiências e com as de outras pessoas.

O processo artístico, em si mesmo, proporciona um meio de desenvolvimento social. A arte tem sido freqüentemente considerada um meio primordial de comunicação e, como tal, converte-se em expressão mais social do que pessoal. O desenho pode, assim, tornar-se uma ampliação do eu no mundo da realidade, porquanto começa a abranger outros a análise do material temático. Esse sentimento de consciência social é o início da compreensão de um mundo mais amplo.

É importante sublinhar o significado da capacidade do indivíduo para viver de forma cooperativa em sua sociedade. Essa capacidade só pode ser desenvolvida se o indivíduo aprender a assumir responsabilidade pelas coisas que está fazendo, se for capaz de enfrentar suas próprias ações e, assim fazendo, identificar-se com outrem. As atividades criadoras fornecem um excelente meio para dar esse importante passo.

DESENVOLVIMENTO ESTÉTICO – O desenvolvimento estético é freqüentemente considerado um ingrediente básico de qualquer experiência artística. A estética pode ser definida como o meio de organizar o pensamento, a sensibilidade e a percepção, numa expressão que comunica a outrem esses pensamentos e sentimentos. Não existem padrões, não há regras fixas, que sejam aplicáveis à estética. Pelo contrário, os critérios estéticos baseiam-se no indivíduo, ou no tipo particular da atividade artística, na cultura em que esta se realiza e no intuito, no propósito subentendido na forma criadora. Uma forma estética não é criada pela imposição de qualquer regra exterior, mas, pelo contrário, o trabalho criador se desenvolve pelos seus próprios princípios. A estética também está intimamente vinculada à personalidade. **A falta de organização ou a dissociação de partes, dentro de um desenho, podem ser um sinal da falta de integração psíquica do indivíduo. Um dos métodos usados para determinar a importância da terapia com pacientes psicóticos consiste num estudo da harmonia da organização nos desenhos que eles executam.**

- **DESENVOLVIMENTO CRIADOR** – O desenvolvimento criador tem início logo que o indivíduo troca os primeiros riscos, e o faz inventando suas próprias formas e pondo nelas algo de si próprio, de um modo que lhe é peculiar. Partindo dessa simples documentação do próprio eu até chegar à mais complexa forma de produção criadora, são numerosos os passos intermediários. Dentro dos desenhos e das pinturas, podemos vislumbrar o desenvolvimento artístico numa abordagem independente e imaginativa da obra de arte. **As pessoas não precisam ser habilidosas para serem criadoras, mas, em qualquer forma de criação, existem graus de liberdade emocional: liberdade para explorar e experimentar, e liberdade para envolver-se, emocionalmente, na criação.** Isto é verdade tanto no uso dos temas como no uso dos materiais artísticos.

- **DESENVOLVIMENTO DA SOCIABILIZAÇÃO** – Pelas suas próprias limitações, alguns dos participantes do nosso Centro de

Atividades Lúdicas demonstram dificuldades em se relacionar. Muitas vezes, ocorre que se afastem do convívio social.

No nosso Centro de Atividades Lúdicas, a proposta é oferecer a oportunidade de compartilharem de uma situação social agradável, compartilhando o material com os colegas, observando o que o companheiro está fazendo, conversando e ouvindo o que o outro tem a dizer, esperando a sua vez de ser atendido e, assim, aprendendo e vivenciando a cooperação e integração.

- **DESENVOLVIMENTO DA EXPRESSÃO** – Normalmente quando pensamos em alguém com dificuldade de expressão ou comunicação, tendemos a imaginar um ser isolado do mundo que o rodeia ou, então, com graves problemas na área da linguagem. Não é bem isto que ocorre com a nossa população, porém este sentir-se diferente, às vezes somado ao afastamento de um convívio social esperado/desejado, faz com que, progressivamente, se feche em si mesmo, não conseguindo encontrar uma brecha para se colocar, expressar seus sentimentos mais profundos. Deste modo, tende a guardar parte de suas dúvidas, anseios e, até mesmo, alegrias.

Neste convívio semanal, além da possibilidade de interagir, nossa população também encontra a possibilidade de se expressar.

Consideramos que a arte é um meio de comunicação não verbal, oferecendo, portanto, um meio alternativo de expressão que atinge não apenas a área da linguagem mas, e principalmente, abre a possibilidade de colocar para fora os sentimentos mais profundos. Quando nos encontramos numa situação aberta, onde nos sentimos aceitos, passamos a ter confiança em poder mostrar nossa visão de mundo sem medo de críticas. A atividade artística proporciona a transmissão de emoções, a auto-expressão, obtenção de segurança, valorização, descarga de agressividade, formação de hábitos e atitudes.

- **DESENVOLVIMENTO DA LIVRE EXPLORAÇÃO** – A nossa população carrega uma gama de insatisfações e frustrações.

    A arte é uma fantástica experiência de livre exploração. Em arte, espera-se participação, envolvimento, manuseio de materiais. A pessoa é incentivada a explorar os materiais através de todos os sentidos, e começa a sentir prazer nisso. E enquanto vai descobrindo essa forma agradável de conhecer o mundo, sem que perceba está desenvolvendo uma série de exercícios ligados à coordenação motora e visomotora.

- **DESENVOLVIMENTO DA CRIATIVIDADE** – É importante lembrar que é através da exteriorização da **criatividade** que o indivíduo expressa seus medos, sentimentos, afetos e outras questões inerentes ao seu desenvolvimento psicossocial. Além disso, arte desperta afinidades estreitas entre as sensações estéticas e os sentimentos humanos, aproximando as pessoas e provendo a solidariedade social.

- **DESENVOLVIMENTO DA AUTO-AFIRMAÇÃO** – Muitos dos envolvidos, ao iniciarem o processo conosco, demonstram pouca confiança em si mesmos, achando que não conseguirão realizá-lo. Esse medo de errar acaba influindo numa perda da curiosidade, que é natural em cada um de nós, gerando, assim, um comportamento apático. Vale ressaltar que o que importa é o modo de se exprimir e não o conteúdo.

    O trabalho com Arte-educação conta com um grande aliado nesta batalha em busca da autoconfiança e, conseqüentemente, auto-afirmação. É o fato de **em arte não existir o "certo" e o "errado", vale tudo quando o que se espera é uma expressão artística e não um resultado preconcebido.**

    Apesar de todas essas considerações, a atividade laboral pode vir a tolher ou a destruir a criatividade das pessoas. Cabe-nos permitir que cada um libere o seu potencial criativo, fazendo-os sentirem-se úteis ao processo produtivo, mais felizes e realizados, gerando, desta forma, um ambiente agradável para todos.

Capítulo VI

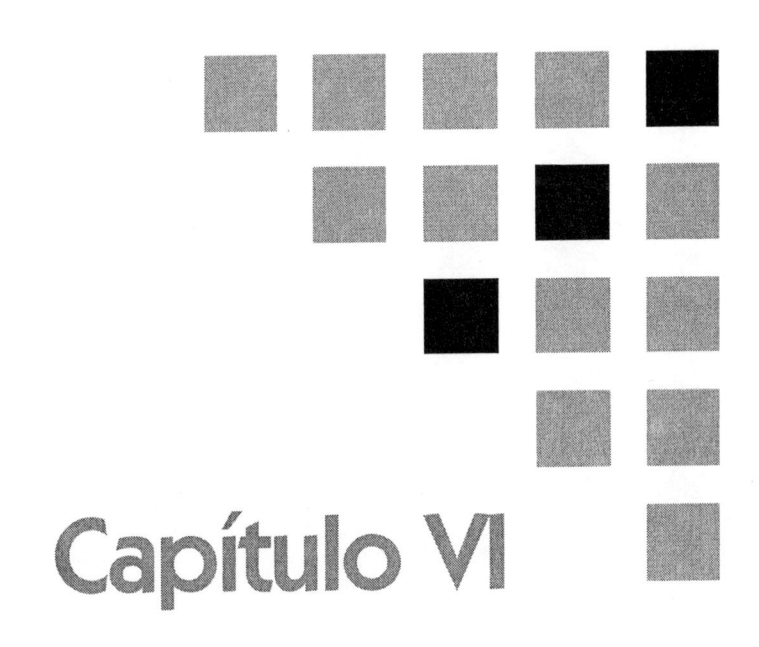

Responsabilidade Social

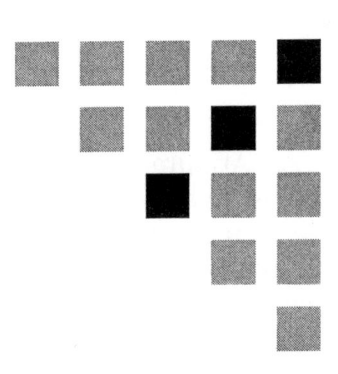

A responsabilidade social é um tema que está crescendo a cada dia que passa, mas ao contrário do que alguns dizem não é uma moda passageira, é uma tendência irreversível. Para entender isto basta analisar alguns momentos do passado:

Tecnologia – Houve uma época em que o diferencial entre produtos eram as suas características tecnológicas, e a marca do fabricante indicava a qualidade do produto, mas com o passar do tempo isso virou commodity*. Na realidade, o diferencial tecnológico de hoje vira commodity de amanhã.

Design – Qual o seu critério para comprar um aparelho de som, hoje? Imagino que, se não for o principal, o design tem um grande peso na decisão de compra. Isso é natural, uma vez que não existem diferenciais tecnológicos.

Serviços – Outro aspecto importante é que escolhemos muitos produtos pela assistência pós-venda, atendimento, velocidade na entrega, ou seja, às vezes mais pelos serviços agregados do que necessariamente pelo produto.

Marca – Um outro fator que influencia a decisão de compra de um produto ou serviço é a marca, mas a campanha cujo slogan é "Não existem grandes empresas sem grandes marcas. Anuncie", ilustra que o consumidor está adotando novos critérios de escolha.

Atualmente, a emoção está se fortalecendo como um dos critérios de escolha de produtos/serviços adotados pelo consumidor de forma consciente ou inconsciente. Com isso, a tecnologia, o design e os serviços tendem a perder o diferencial com o passar do tempo, e a marca se torna um fator de escolha mais forte. Note que a palavra "marca" está associada a qualquer tipo de organização ou idéia.

Exemplos de grandes marcas: Abrinq, Greenpeace, AACD, PROCEL, Natura, Coca-Cola, Instituto Ayrton Senna.

Quais mais te atraem a atenção e te trazem algum tipo de emoção?

Esta emoção é que faz o consumidor adotar outros critérios de escolha. E hoje, sem dúvida nenhuma, o aspecto ecológico e social está sendo cada vez mais utilizado. Vide o exemplo da Fundação Abrinq, Instituto Ayrton Senna, Greenpeace. Talvez a campanha "Não existem grandes empresas sem grandes marcas. Anuncie" deva ser atualizada para "Não existem grandes empresas sem responsabilidade social" ou "Não existe empresa pequena, mas sim empresa sem responsabilidade social".

O fato é que, grande ou pequena, toda empresa pode e deve dar sua colaboração social.

Agora que já sabemos a importância das empresas cumprirem o seu papel social, fica a pergunta: E qual o nosso papel como consumidores?

Nos tornarmos consumidores conscientes!

O consumidor consciente fecha o ciclo virtuoso com as empresas socialmente responsáveis.

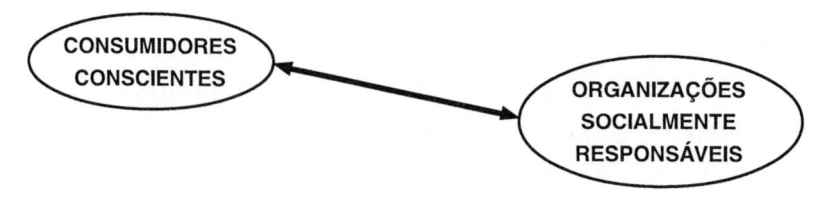

CONSUMIDORES CONSCIENTES → ORGANIZAÇÕES SOCIALMENTE RESPONSÁVEIS

A responsabilidade social, portanto, está intimamente relacionada com uma tomada de consciência individual.

As transformações socioeconômicas dos últimos 10 ou 20 anos têm afetado profundamente o comportamento de empresas até então acostumadas à pura e exclusiva maximização do lucro. Se, por um lado, o setor privado tem cada vez mais lugar de destaque na criação de riqueza, por outro é bem sabido que, com grande poder, vem grande responsabilidade.

Em função da capacidade criativa já existente, e dos recursos financeiros e humanos já disponíveis, empresas têm uma intrínseca responsabilidade social.

Responsabilidade Social. Nunca duas palavras e, principalmente, a união delas, teve tanto significado, tanta força. Nunca se compreendeu tanto a mágica junção entre dois substantivos.

De acordo com a Comissão das Comunidades Européias: *"Responsabilidade Social é um comportamento que as empresas adotam voluntariamente e vão além dos requisitos legais, porque consideram ser esse o seu interesse a longo prazo. Implica uma abordagem por parte das empresas que coloca no cerne das estratégias empresariais as expectativas de todas as partes envolvidas e o princípio de inovação e aperfeiçoamento contínuos."*

A idéia de responsabilidade social incorporada aos negócios é, portanto, relativamente recente. Com o surgimento de novas demandas e maior pressão por transparência nos negócios, empresas se vêem forçadas a adotar uma postura mais responsável em suas ações. Infelizmente, muitos ainda confundem o conceito com filantropia, mas as razões por trás desse paradigma não interessam somente ao bem-estar social, mas também envolvem melhor performance nos negócios e, conseqüentemente, maior lucratividade.

Muitas vezes, e durante muito tempo, erradamente, confundiu-se Responsabilidade Social com ações de filantropia, ações pontuais e muitas vezes desligadas do objetivo do negócio da empresa. Naturalmente, estas ações podem fazer parte da Responsabilidade Social de uma empresa, mas, por si só, não tornam uma empresa socialmente responsável.

A busca da responsabilidade social corporativa tem, grosso modo, as seguintes características:

- **É Plural** – Empresas não devem satisfações apenas a seus acionistas. Muito pelo contrário. O mercado deve agora prestar contas aos funcionários, à mídia, ao governo, ao setor não governamental e ambiental e, por fim, às comunidades com que opera. Empresas só têm a ganhar com a inclusão de novos parceiros sociais em seus processos decisórios. Um diálogo mais participativo não apenas representa uma mudança de comportamento da empresa, mas também significa maior legitimidade social *(social licence to operate)*.

- **É Distributiva** – A responsabilidade social nos negócios é um conceito que se aplica a toda cadeia produtiva. Não somente o produto final deve ser avaliado por fatores ambientais ou sociais, mas o conceito é de interesse comum e, portanto, deve ser difundido ao longo de todo e qualquer processo produtivo. Tal e qual consumidores, empresas são responsáveis por seus fornecedores e devem fazer valer seus códigos de ética aos produtos e serviços ao longo de seus processos produtivos.

- **É Sustentável** – Responsabilidade social anda de mãos dadas com o conceito de desenvolvimento sustentável. Uma atitude responsável em relação ao ambiente e à sociedade não só garante a não-escassez de recursos, mas também amplia o conceito a uma escala mais ampla. O desenvolvimento sustentável não só se refere ao ambiente, mas, por via do fortalecimento de parcerias duráveis, promove a imagem da empresa como um todo e por fim leva ao crescimento orientado. Uma postura sustentável é por natureza preventiva e possibilita a prevenção de riscos futuros, como impactos ambientais ou processos judiciais.

- **É Transparente** – A globalização traz consigo demandas por transparência. Não nos bastam mais os livros contábeis. Empresas são gradualmente obrigadas a divulgar sua performance social e ambiental, os impactos de suas atividades e as medidas tomadas para prevenção ou compensação de acidentes.

Na verdade, o que estamos falando atualmente é sobre a necessidade de se adotar uma gestão norteada por objetivos relacionados não só com lucros, mas também com uma preocupação com o planeta e com as *pessoas*. Ou seja, representa a integração dos valores do Desenvolvimento Sustentável.

O caminho da Responsabilidade Social é algo de muito mais metódico e sistemático, precisamente porque é central e transversal a toda atuação da empresa.

A componente da responsabilidade social vai da implementação da eqüidade até a valorização dos seres humanos na sua diversidade.

A dimensão social, para as empresas, diz respeito ao seu impacto no sistema social onde operam. A performance social é abordada por meio da análise do impacto da organização sobre as suas partes interessadas – colaboradores, fornecedores, consumidores, clientes, comunidade, governo e sociedade em geral, a nível local, nacional e global.

Assim, em relação aos colaboradores, a empresa socialmente responsável faz compromissos para respeitar o equilíbrio entre trabalho e vida privada. Incentiva a participação dos empregados em sindicatos. Favorece o desenvolvimento pessoal através da formação.

Em relação aos fornecedores, a empresa tem de lutar contra as práticas do trabalho infantil, do trabalho forçado, etc., como pode também desenvolver uma política de comércio justo que garanta aos fornecedores rendimentos regulares. As medidas contra a corrupção fazem parte também das práticas que as empresas têm de implementar.

A área social é, assim, uma área muito vasta, que toca problemáticas às vezes dificilmente quantificáveis e altamente delicadas.

Ao contrário do que muitos pensam, o investimento social privado não deve ser confundido com assistencialismo. Como qualquer outro investimento, as pessoas físicas ou jurídicas que financiam projetos de cunho social têm o intuito de aferir os resultados alcançados. Há, portanto, a preocupação em se gerar um retorno positivo à sociedade, de forma que o monitoramento das atividades desempenhadas seja constante e envolva uma equipe de profissionais, tais como assistentes sociais, pedagogos, administradores e educadores. Isto leva ao crescimento e à maior profissionalização do terceiro setor frente às dificuldades dos setores público e privado no combate às mazelas sociais do País. Um importante instrumento para canalização de recursos privados para atividades de cunho social tem sido a criação de fundações.

EVOLUÇÃO DA RESPONSABILIDADE SOCIAL

A idéia de responsabilidade social das empresas não é nova.

Já em 1920, Henry Ford defendia que as empresas tinham de participar do bem-estar coletivo. Também não é uma idéia que ressurgiu agora como uma moda. É um valor que foi crescendo, evoluindo, tomando corpo até adquirir uma dimensão universal.

O primeiro fundo de investimento socialmente responsável teve origem religiosa e foi denominado Pioneer Fund. Foi lançado em 1928 pela igreja Evangelista americana e opunha-se ao consumo de álcool e de tabaco.

Em 1908, ainda nos estados Unidos, o conselho federal das igrejas lançou um documento que ainda hoje, um século mais tarde, se mantém atual. Nesse documento, o conselho manifesta-se a favor de direitos iguais e de justiça para todos, sem discriminação, da abolição do trabalho infantil, do fim da exploração dos trabalhadores, de uma diminuição progressiva das horas de trabalho, da proteção dos trabalhadores contra os perigos ligados às máquinas e contra as doenças profissionais, dentre outros.

O desenvolvimento do conceito de responsabilidade social teve, por outro lado, a pressão dos consumidores, a exigência por parte das comunidades de uma nova postura das empresas, que muitas vezes chega a ser confundida com a luta pelos direitos cívicos.

CARACTERÍSTICAS DAS EMPRESAS SOCIALMENTE RESPONSÁVEIS

- Ter forte envolvimento baseado em valores.
- Ter uma vontade de progresso contínuo e uma atitude baseada na humildade.
- Ter uma compreensão e uma aceitação da interdependência da empresa com o seu meio.
- Ter uma visão a longo prazo baseada na responsabilidade face às gerações futuras.
- Ter o princípio da precaução como regra de decisão.
- Ter uma prática regular de diálogo e de consulta de todas as partes envolvidas, sobre os temas mais delicados.
- Ter uma vontade de informação e transparência.

- Ter uma capacidade de responder pelos seus atos e prestar contas sobre as conseqüências diretas de sua atividade.

BENEFÍCIOS DA ADOÇÃO DE UMA ESTRATÉGIA DE RESPONSABILIDADE SOCIAL

- Antecipar contratempos e prevenir riscos – a empresa socialmente responsável está melhor armada face aos riscos que ameaçam a sua reputação e performance, tais como riscos sociais, acidentes industriais e ecológicos, mudanças de regulamentação, riscos jurídicos, greves, dentre outros.

- Traz uma nova visão sobre a atividade da empresa. É uma fonte potencial de oportunidades, estimulando a *inovação e a criatividade*.

- Melhoria durável da reputação da empresa e a confiança que nela depositam seus clientes.

- Auxiliar no posicionamento da empresa graças a novos critérios de diferenciação.

BALANÇO SOCIAL

Até meados dos anos 30, a idéia de responsabilidade social e acesso à informação de cunho empresarial era virtualmente desconhecida por grandes corporações. A percepção comum era de que a performance da empresa deveria ser de acesso restrito para se protegerem os dividendos dos sócios.

Tal situação permaneceria virtualmente inalterada até a segunda metade da década de 60, quando preocupações ambientais começaram a ser levantadas internacionalmente.

A crescente demanda por "accountability" empresarial, vinda de países europeus como a França e o Reino Unido, e o pacote instrumental do "Corporate Report", em 1975, foram os pioneiros na "contabilidade social" de empresas. Tal prática, aos poucos, seria adotada mundialmente em paralelo ao crescimento do poder de aferição e cobrança típico da imprensa investigativa moderna.

No Brasil, com o fim do regime militar e da repressão política, verificamos uma explosão de organizações civis. O exercício da cidadania, até então reprimido, ganha novo impulso através da sociedade civil organizada, a qual naquele momento passa a atuar ativamente na promoção de políticas de cunho social. O movimento de apoio à responsabilidade social ganha impulso a partir dos anos 90 e é conseqüência do surgimento de um sem-número de organizações não-governamentais, assim como do crescimento não-igualitário dos anos do "milagre econômico". Diante da deficiência do Estado em suprir nossas severas demandas sociais, empresas atuam cada vez mais de forma proativa e incorporam um discurso social mais justo.

São pelas razões acima que, em face de uma crescente cobrança por transparência, não basta hoje atuar de forma responsável, mas é preciso mostrar resultados. Por isso, empresas demonstram sua performance social em relatórios corporativos das mais diversas formas e modelos.

O certo é que a divulgação da performance social de uma empresa interessa a grupos empresariais pelas mais diversas razões. Uma delas se refere à ética e ao princípio pelo qual empresas, na qualidade de atores sociais, têm ativa participação no crescimento de uma nação e, portanto, devem prestar contas à sociedade.

Um bom relatório socioambiental, ou Balanço Social, deve ser claro, ter profundo compromisso com a verdade e ser amplamente disponibilizado ao público por todos os meios possíveis. As informações contidas nele não devem ser apenas um check-list de requisitos socioambientais, mas devem descrever de forma precisa o retrato da atividade social da empresa em determinado período do tempo.

Suzana Laniado C. Nobre

A GLOBALIZAÇÃO, O CORPORATIVISMO E A RESPONSABILIDADE SOCIAL

A cada dia o mundo se torna menor. As pessoas conseguem se comunicar com maior facilidade e rapidez.

Os requisitos de qualidade para a produção de bens são iguais em qualquer parte do Planeta. Tornar-se diferente é cada vez mais difícil.

Contudo, o que observamos é que as empresas que *"largaram na frente"* não foram aquelas que simplesmente colocaram em prática o tradicional discurso *"o ser humano em primeiro lugar"*, mas sim aquelas que conseguiram ampliar sua visão para fora do seu ambiente corporativo e enxergar a comunidade à sua volta, a sua influência no todo globalizado, uma vez que seus produtos cruzam fronteiras e sua responsabilidade também se estende.

Hoje temos exemplo de empresas nacionais ou multinacionais que desenvolvem belíssimos programas de conservação do meio ambiente, incentivos culturais e educacionais, dentre outros.

É claro que não podemos ter uma visão romântica, de benevolência gratuita para com a comunidade. Talvez quando do início da implantação de projetos sociais diversos haja até uma pouca compreensão da extensão da atuação empresarial, e o pano de fundo inicial seja a fixação de uma boa imagem perante a comunidade.

Porém, com o passar do tempo, com o desenvolvimento das ações sociais, com o florescimento da sociedade, com o reconhecimento dos beneficiados, aí sim, a consciência da responsabilidade social torna-se parte integrante da empresa. Passa a fazer parte do seu orçamento e do seu planejamento estratégico.

Vejo que só há uma forma de recursos humanos atuar, que é com a prática diária do conceito de responsabilidade social. Cada um de nós é socialmente responsável pelas ações das empresas que representamos.

Cabe também ao Gestor de Pessoas ser um agente transformador, viabilizando as diversas ações sociais, visando sempre à melhoria da sociedade e à preservação e continuidade dos benefícios para as gerações futuras.

Epílogo

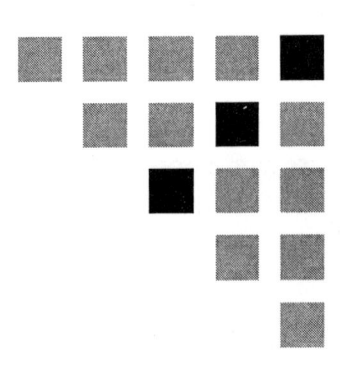

A interação com a arte sempre foi considerada uma atividade extremamente saudável e prazerosa.

A percepção do sentimento de que a pessoa é útil à sociedade e que apesar das suas limitações tem alguém que se preocupa com o seu bem-estar, com sua segurança e com o seu futuro faz com que as pessoas se tornem mais preparadas para a vida, ao mesmo tempo que recuperam a sua auto-estima e o interesse em produzir algo que as realiza.

O resgate de sentimentos até então esquecidos ou muitas vezes desconhecidos gratifica cada envolvido, ao mesmo tempo que dá estímulo para que redirecione sua vida, reveja seus conceitos, enfim, consiga ser mais feliz.

A "arrumação" de seus sentimentos e o entendimento da realidade nova que se descortina diante dos seus olhos fazem o participante refletir e atinar para a importância da oportunidade que está tendo e a imaginar uma nova perspectiva de vida.

Contudo, sentimentos também brotam naqueles que estão envolvidos com a concepção, com a coordenação e com a transmissão dos conhecimentos aos participantes.

Ter a oportunidade de ser um instrumento capaz de viabilizar a melhoria de vida de um ser humano é algo gratificante. Faz-nos crescer e entender a vida de forma diferente. Faz perceber que talvez tenhamos chegado perto do entendimento da essência da vida.

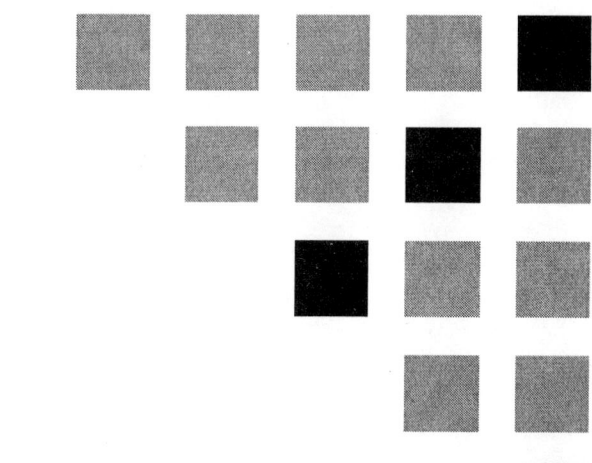

Galeria de Fotos

Terceiro Setor – Os Recursos da Solidariedade

D. Dalva, fundadora da OAF.

D. Dalva com as crianças – o amor superando todas as dificudades.

D. Vanda que, como benfeitora, desde o início está presente na OAF.

Terceiro Setor – Os Recursos da Solidariedade

Primeira fachada da OAF.

Segunda fachada da OAF.

Suzana Laniado C. Nobre

Tempos difíceis, onde o assistencialismo e a caridade fizeram com que a obra se mantivesse.

Terceiro Setor – Os Recursos da Solidariedade

Escola da OAF logo no início.

Oficina de móveis. Modelos antigos. A oficina contava com o apoio dos internos para a fabricação dos móveis. Faltavam fardamento e equipamentos de proteção individual – EPI's.

Suzana Laniado C. Nobre

Fachada da OAF após recente reforma.

Terceiro Setor – Os Recursos da Solidariedade

Pe. Piazza, atual presidente. O tempo passa mas, tal qual sua fundadora D. Dalva, o amor pelas crianças permanece.

Retrato de uma instituição que acredita que o amor gera crianças felizes.

Suzana Laniado C. Nobre

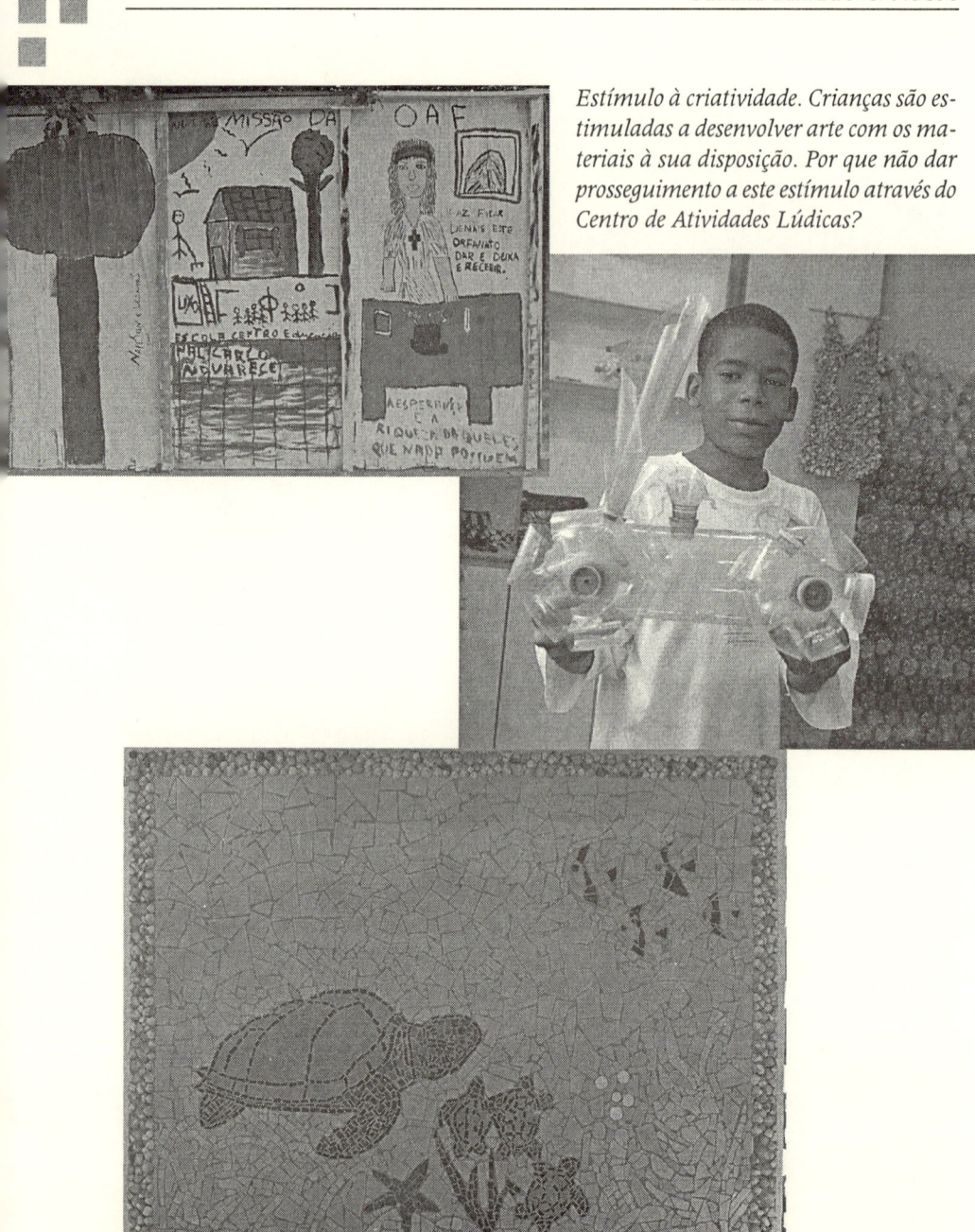

Estímulo à criatividade. Crianças são estimuladas a desenvolver arte com os materiais à sua disposição. Por que não dar prosseguimento a este estímulo através do Centro de Atividades Lúdicas?

Terceiro Setor – Os Recursos da Solidariedade

Jovens da comunidade em aula no Centro de Formação de Jovens Instrutores – CFJI.

No CFJI, jovens da comunidade em aula de música.

Terceiro Setor – Os Recursos da Solidariedade

Atual entrada do Centro Educacional Carlo Novarese, escola da OAF.

Crianças fardadas antes do início das aulas.

Sala de aula da escola da OAF.

Terceiro Setor – Os Recursos da Solidariedade

Visita do Prefeito de Salvador e da Primeira Dama à escola da OAF.

Interior da Universidade da Criança e do Adolescente – UNICA.

Suzana Laniado C. Nobre

Visita de estudantes de escola pública para compartilhar o conhecimento.

Oficina de móveis. Funcionários fardados e o respeito à segurança.

Terceiro Setor – Os Recursos da Solidariedade

Na UNICA, todo grupo é acompanhado por um monitor da OAF, e após cada experimento trocam idéias sobre os fenômenos apresentados.

Vista da oficina de móveis.

Cadeiras prontas para serem entregues ao cliente.

Terceiro Setor – Os Recursos da Solidariedade

Oficina de confecção.

Na serigrafia, líder e funcionários trocam idéias sobre a forma mais criativa para realizar o trabalho.

Trabalhos feitos pela serigrafia.

Bibliografia

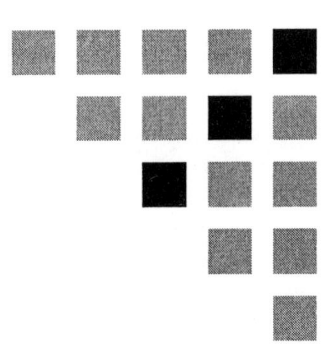

ELIZABETH, Laville. *L'Entreprise Verte*, Village Mondial, 2002.

LOWENFELD, Viktor; BRITTAIN, W. Lambert. *Desenvolvimento da capacidade criadora*. São Paulo: Editora Mestre Jou, 1977. 389 p.

PORCHER, Louis. *Educação artística/luxo ou necessidade*. 4ª ed. São Paulo: Summus Editorial, 1982. 197 p.

SOUZA, Alcidio Mafra de. *Artes plásticas na escola*. Rio de Janeiro: Edições Bloch, 1968. 150 p.

Material sobre Arte-Educação da Associação Brasileira de Distrofia Muscular.

Texto sobre Arteterapia, de Fátima D'Ávila.

Material pesquisado no site OCARA, sobre ONGs'.

Informações extraídas do site www.oaf.org.br.

Revista Agitação, editada pelo CIEE – Centro Integrado Empresa-Escola.

Educação Estratégica nas Organizações
Como as Empresas de Destaque Gerenciam o Processo de Educação Corporativa

Elizabeth Ayres Gdikian e Moisés Correia da Silva

112 Págs.

Formato: 16 x 23 cm

O livro oferece uma visão geral dos principais conceitos e premissas da Educação Corporativa, além de apresentar de forma clara e sintética o processo de implementação de uma Universidade Corporativa. Elizabeth ilustra sua obra com exemplos de empresas de destaque que gerenciam seu processo de educação interna.

Avaliação dos Resultados em Treinamento Comportamental

Como o Investimento no Capital Humano pode Retornar às Organizações

Bettyna P. B. Gau Beni, Wilson David Lucheti e Marcos Poerner
88 Págs.
Formato: 16 x 23 cm

Os autores procuram esclarecer a maior parte das dúvidas com as quais grandes empresas se deparam quando da implementação de programas de treinamento. Oferecem ainda valiosas informações sobre as necessidades específicas de cada grupo, apresentando modelos para treinamento e avaliação de funcionários.

Educação Corporativa:
Um Avanço na Gestão Integrada do Desenvolvimento Humano

Ana Claudia Athayde da Costa
80 Págs.
Formato: 16 x 23 cm

Neste livro é apresentada uma proposta de implementação do método de educação corporativa em uma organização. Além de fazer um plano geral do ensino corporativo, Ana Claudia ressalta a importância do papel do líder como o grande gestor do conhecimento numa organização, como o foco das ações.

Universidades Corporativas
x
Educação Corporativa:
O Desenvolvimento do Aprendizado Contínuo

Andrea Teixeira
80 Págs.
Formato: 16 x 23 cm

O objetivo da obra é abordar um novo conceito de aprendizagem, a *Universidade Corporativa*, como desenvolvimento do aprendizado contínuo. Andrea explica essa idéia e ilustra com exemplos práticos, como multinacionais que já adotaram a iniciativa e a avaliação do funcionamento de áreas convencionais de treinamento comparadas com o modelo da *Universidade Corporativa*.

Entre em sintonia com o mundo

QualityPhone:
0800-263311
Ligação gratuita

Qualitymark Editora
Rua Teixeira Júnior, 441 - São Cristóvão
20921-400 - Rio de Janeiro - RJ
Tel.: (21) 3860-8422
Fax: (21) 3860-8424

www.qualitymark.com.br
e-mail: quality@qualitymark.com.br

Dados Técnicos:

• Formato:	16x23
• Mancha:	12x19
• Fonte Títulos:	Kabel Dm BT
• Fonte Texto:	Latin 725 BT
• Corpo:	12
• Entrelinha:	14
• Total de Páginas:	104

Este livro foi impresso nas oficinas gráficas da
Editora Vozes Ltda.,
Rua Frei Luís, 100 — Petrópolis, RJ,
com filmes e papel fornecidos pelo editor.